AF331243

PANORAMA

DES CUIRASSIERS

de

REICHSHOFFEN

par

MM. T. Poilpot et S. Jacob

NOTICE HISTORIQUE

Avec Explication et Carte du Panorama

PRIX 25 CENTIMES

MARSEILLE

au Panorama de Reichshoffen

PLACE CASTELLANE

NOTICE

sur la

BATAILLE DE FRŒSCHWILLER

ET L'ÉPISODE

DE REICHSHOFFEN

I

A la date du 19 juillet 1870, la France, après divers incidents diplomatiques, notifiait la guerre à la Prusse.

Les premiers jours se passèrent, de part et d'autre, en mouvements de troupes ; puis, après un engagement insignifiant à Saarbrück, le 2 août, se produisait un premier combat qui, le 4 août, amena l'écrasement, à Wissembourg et au Geissberg, des 7.000 hommes de la division Douai.

Dès le début de ce combat, le général Abel Douai était mortellement blessé, et l'armée allemande, forte de 80.000 hommes, tout en éprouvant des pertes considérables, finissait par vaincre la petite armée française.

Cette armée allemande, commandée en chef par le Prince Royal de Prusse, Fritz, jouera un rôle important à la fatale journée, appelée par les Prussiens Bataille de Wœrth, par les Français Bataille de Frœschwiller, et désormais immortelle dans l'histoire de l'héroïsme militaire sous ce nom unique, — Reichshoffen.

Nous allons donc raconter, aussi succinctement que possible, l'effroyable et glorieuse lutte de 35,000 Français contre 140,000 Allemands, pendant toute une journée, de 7 heures du matin à la nuit, avec une artillerie inférieure en nombre et en puissance.

Le maréchal de Mac-Mahon, général en chef, ayant sous ses ordres le premier corps français, comprenant les divisions Ducrot (1re), Abel Douai, par interim Pellé (2e), Raoult (3e), Lartigue (4e), la division de cavalerie Duhesme ; — avec la division Conseil-Dumesnil (1re du 7e corps, Félix Douai), et la réserve de cavalerie du général Bonnemains, avait devant lui cinq corps d'armée allemands, sous le commandement en chef du Prince Royal de Prusse, c'est-à-dire : le Ve (lieutenant-général de Kirchbach) ; — le XIe (lieutenant-général de Bose) ; — le Ier corps Bavarois (général d'infanterie, baron de Tann-Rathsamhausen) ; — le IIe corps Bavarois (général d'infanterie de Hartmann) ; — le corps Wurtembergeois-Badois (lieutenant-général de Werder).

II

Le matin de la bataille, les deux armées occupaient les positions suivantes :

ARMÉE FRANÇAISE : La division du général Ducrot (brigades de Wolff et de Postis du Houlbec), ayant son aile droite en avant de Frœschwiller, appuyait sa gauche à la forêt dite Grosserwald s'étendant vers Reichshoffen. Elle faisait ainsi face à Lembach, avec une compagnie d'avant-postes dans les villages de Neehwiller et de Jœgerthal ; — Des bouquets de bois y masquaient l'approche des Prussiens.

La division du général Raoult avait sa 1re brigade (général Lhériller) devant Gœrsdorf et sa 2e (général Lefebvre) entre Frœschwiller et Elsasshausen, qui se trouve un peu en contrebas du premier village.

La division Lartigue présentait le front de sa 1re brigade (général Fraboulet de Kerléadec) à Gunstett et celui de la 2 (général Lacretelle, à Morsbronn, villagen on occupé.

La division commandée par le général de brigade Pellé, remplaçant Abel Douai, se tenait en réserve derrière la droite de la division Raoult et la gauche de la division Lartigue, avec les deux brigades Pelletier de Montmarie et Pellé.

En arrière de la division Lartigue se massait la division Conseil-Dumesnil du 7 corps (brigade de Nicolaï et Maire) et la brigade de cuirassiers Michel, sous les ordres du général de division Duhesme.

Aux sources de l'Eberbach, derrière la division Raoult, étaient placées la deuxième division de cavalerie de réserve (général Bonnemains), la brigade de cavalerie légère (général Septeuil). — Enfin, la brigade Nansouty avait été fractionnée en cavalerie légère.

Pendant la plus grande partie de la bataille, le maréchal de Mac-Mahon se tint sur la hauteur placée à l'Est d'Elsasshausen.

Les troupes engagées dans cette sanglante journée, furent les 18e , 69 , 45 , 50e , 74e , 78e , 56e , 48e , 56e , 87e , 3e , 21e , 47e et 99 de

ligne ; — les 13 , 16e , 8e , 1er et 17e chasseurs à pied ; — les 1er ,
2 et 3e zouaves ; — les 1er , 2e et 3e tirailleurs algériens ; — les 1er ,
2 , 3e , 4e , 8e et 9e cuirassiers ; — le 3e hussards ; — le 11e chasseurs
à cheval ; — les 2e et 6e lanciers et le 10e dragons.

ARMÉE ALLEMANDE : Le IIe corps Bavarois et le Ve corps Prussien
se trouvaient à Lembach et Preuschdorff.

Le général de Hartmann dirigeait la 4e division (lieutenant-général
comte de Bothmer) vers l'ouest.

La 7e brigade d'infanterie (général-majour de Thiereck) envoyant
deux bataillons du 5e régiment et un escadron du 2e chevau-légers
sur la Kuhbrücke, dans la vallée de la Sauër, pour donner la main
ou Ve corps. Le reste de la 7e brigade prenant position au sud de
Mattstall, sur la route de Langen-Sulzbach, avec les trois autres escadrons du 2e chevau-légers et une batterie.

La 8e brigade d'infanterie (général-major Maillinger) et ses trois
batteries se déployant au nord de Mattstall.

La réserve, composée de la brigade des hulans du général-major
de Mulzer, et de l'artillerie du colonel de Pillement restant à Lembach.

A gauche de la Kuhbrücke, par Spachbach, jusqu'à Gunstett, les
avant-postes prussiens étaient fournis par la 20e brigade d'infanterie
(général-major de Walther de Montbary) du Ve corps. — A Gœrsdorf,
la moitié du 1er bataillon du 57 (fusiliers) ; — à Gunstett, le 2e bataillon du 58e (infanterie) et le 4e escadron du 14e de dragons. — A l'ouest
de Dieffenbach, le reste de la brigade. Les autres troupes de la 10e
division d'infanterie (général-major de Schmidt) au sud et à l'est de
Dieffenbach. Mitschdorf et Preuschdorf étaient occupés chacun par un
bataillon de la 10e division.

Le 1er corps Bavarois (général d'infanterie, baron de Tann-Rathsamhausen, avec les lieutenants-généraux de Stephan et comte de Pappen-
heim) marchait à travers le Hochwald vers la Sauër par Lobsann-
Lampertsloch.

Le XIe corps Prussien (lieutenant-général de Bose) avait ses avant-
postes vers la Sauër, occupant Surbourg et la route de Hagueneau.

Le quartier genéral du Prince Royal de Prusse, gardé par le
1er bataillon du 82e d'infanterie, de Hesse (21e division, XIe corps),
était à Soulz.

IV

Ni les Français ni les Allemands ne pensaient qu'une bataille dût avoir lieu ce jour-là, et, comme dans bien des circonstances, les petites causes eurent de formidables effets.

A 7 heures du matin, le général-major de Walther, craignant une retraite des troupes françaises, pousse, pour s'en assurer, une reconnaissance en avant et jette dans Wœrth des obus qui y mettent le feu.

Aussitôt les Français ripostent ; à la fusillade des tirailleurs se joint le grondement de l'artillerie : l'action est engagée.

En même temps, un engagement semblable se produisait devant Gunstett.

A 8 heures 1/4 enfin, les Bavarois de la 4e division se portaient vers Frœschwiller et tombaient foudroyés par les mitrailleuses ; ce massacre dura jusqu'à 10 heures 1/2, moment où le Prince Royal envoya au général Hartmann l'ordre d'arrêter le feu.

Mais le Ve corps, aux prises avec les Français, n'ayant pas l'avantage, le général Hartmann reçoit l'ordre de se porter en avant au secours du général Kirchbach.

A 8 heures 1/2, sur le centre, l'artillerie du Ve corps, réunie à celle du XIe, représentant un ensemble de 108 bouches à feu, braquées sur les hauteurs de Gœrsdorf à Spachbach, écrase 50 canons et mitrailleuses, et à 10 heures 1/2, le général de Kirchbach entre dans Wœrth.

Deux bataillons ennemis ayant alors traversé le Sauërbach entre Wœrth et Spachbach, gravissent les croupes d'Elsasshausen et gagnent un bois où les rejoint le XIe corps.

Cependant à 11 heures 1/2, malgré ses efforts et son nombre, l'ennemi, repoussé sur toute la ligne, de Neehviller à Morsbronn, n'avait pu occuper une seule hauteur. Et, même à midi, le 2e zouaves, avec le général Lhériller, tentait de reprendre Wœrth.

Alors le commandant du Ve corps, voyant ses troupes faiblir, appelle à son secours les Bavarois du IIe corps et le XIe corps.

Disons aussi que dans la matinée, vers 8 heures, les Français, sous la protection de cinq batteries placées sur les éminences de la rive droite, en face de Brückmühle, avaient essayé d'enlever d'assaut Gunstett, occupé par le V° corps.

Le XIe corps arrivant, avait repoussé les Français jusqu'au bois de Niederwald, où ceux-ci, reprenant l'avantage, repoussèrent les Prussiens à la baïonnette et firent un horrible massacre. Au Brückmühle, le général de Lartigue, avec les brigades Fraboulet de Kerléadec et Lacretelle, obtenait le même succès.

En présence du danger couru par ses troupes, le Prince Royal quittait Soultz, se transportait sur le théâtre de l'action, et faisait donner toutes les forces allemandes à la fois, soit 140,000 hommes et 500 bouches à feu contre les 35,000 Français qui luttaient si héroïquement depuis le matin.

Dans ces nouvelles conditions, chaque division française devait tenir tête à un corps d'armée allemand, 5 divisions contre 6 corps complets.

V

Le Prince Royal arrivait à une heure de l'après-midi sur la hauteur de Wœrth et prenait en main la direction de cette bataille, qu'il n'avait pas voulu engager le matin.

Les troupes françaises avaient conservé toutes leurs positions, mais les Allemands avaient fait de considérables progrès en avant, et notre faible artillerie n'était pas de force à lutter longtemps contre leurs 500 canons.

Un sanglant combat s'engagea alors sur la rive droite de la Saüer que venaient de traverser les soldats du Ve corps, le colonel de Burghoff est tué, le colonel Michelmann blessé ; leurs régiments, prêts à succomber, sont sauvés par l'arrivée du régiment des grenadiers du Roi.

Les Allemands, grâce au nombre et aux troupes fraîches qu'ils avaient à leur disposition, parvinrent à atteindre et à occuper le plateau situé entre Wœrth et le Niederwald, et de là bombardèrent Elsasshausen.

A 2 heures, une nouvelle attaque des Français échoue et les Allemands, en force, profitant du mouvement de retraite des Français, gravissent à leur suite les hauteurs, tandis qu'au sud-ouest de Wœrth d'au-

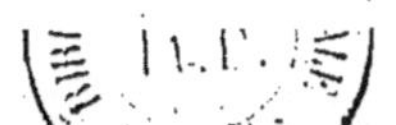

Ochsenkopf
Niederbronn
Neehwiller
Zang..
Frœschwiller
Reichshoffen
Elrashausen
N
A
Falkensteiner bach
Eberbach
Gundershoffen

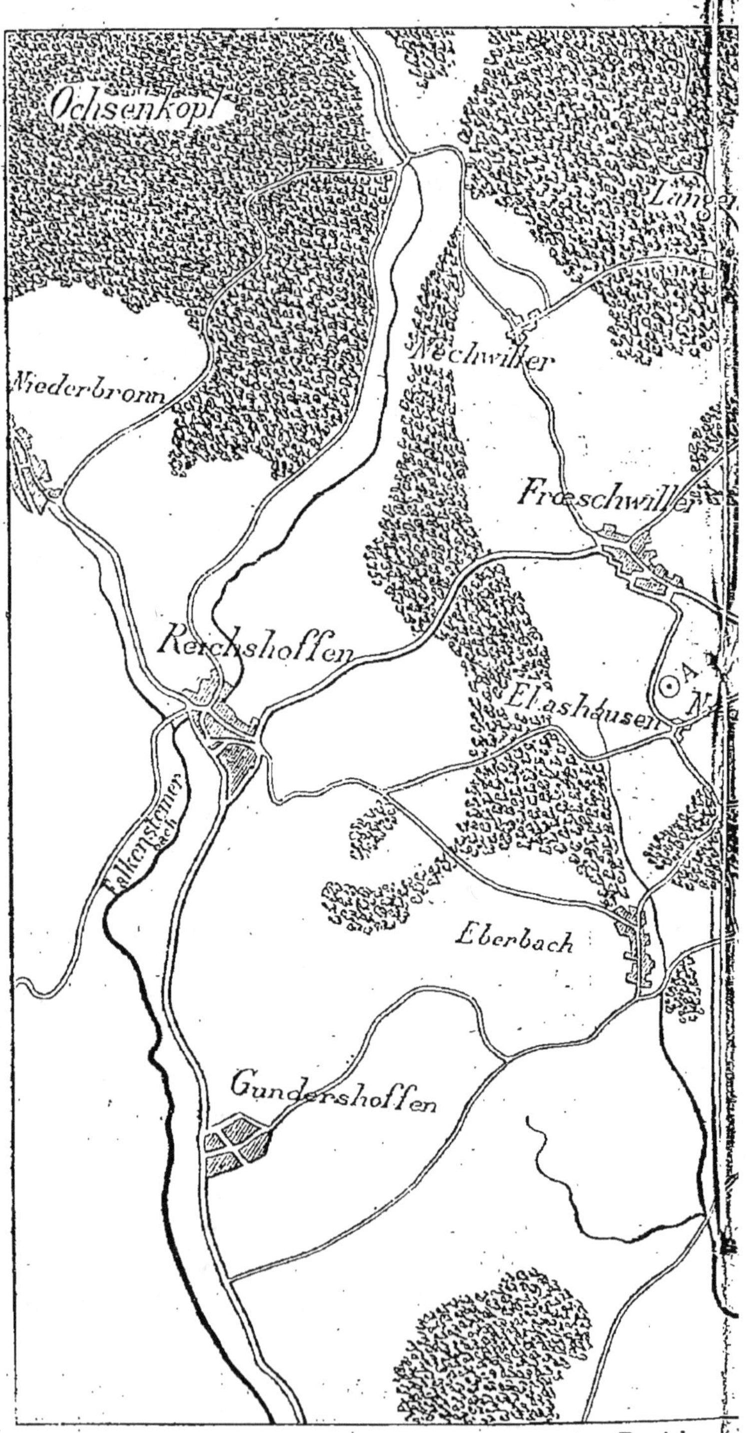

⊙ A Position

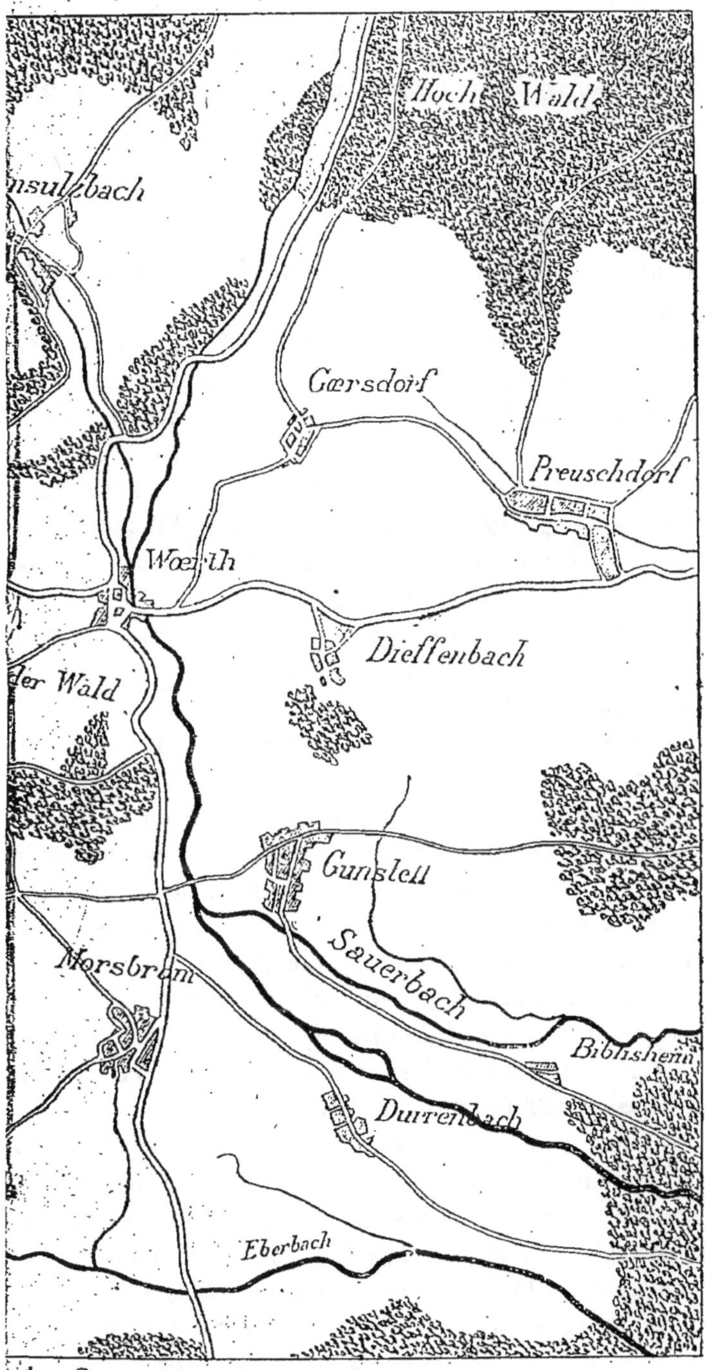

de Frœschwiller
Hoch Wald
nsulzbach
Gœrsdorf
Preuschdorf
Wœrth
der Wald
Dieffenbach
Gunstell
Morsbronn
Sauerbach
Biblisheim
Durrenbach
Eberbach
du Spectateur

tres masses ennemies s'emparent également des croupes montagneuses.

Alors tout le Ve corps domine Elsasshausen et menace Frœsch-willer.

VI

L'aile droite, pendant ce temps-là, soutenait également les atta-ques furieuses et répétées du XIe corps.

A midi les bataillons de ce corps, venant de Spachbach, réussissent à occuper une partie du Niederwald, et le général de Lartigue lutte héroïquement dans l'Albrechtshaüserhof contre des masses considéra-bles.

Il finit par être écrasé par les bombes et les obus, et le 3e régiment de tirailleurs algériens est presque anéanti ; mais les Allemands ont subi des pertes cruelles : le colonel de Koblinski a été mis hors de com-bat et le lieutenant-général de Bose est blessé.

Les Prussiens, à l'extrême droite, s'emparent d'une façon inatten-due de Morsbronn ; la situation devient grave, car, si l'ennemi dépasse ce point, le général Raoult est débordé.

C'est alors qu'a lieu la première des deux charges immortelles de cette mémorable journée.

La brigade Michel, quittant son abri, un ravin au sud de Nieder-wald, accourt par échelons ; au premier rang, se trouve le 8e cuirassiers avec le colonel Guiot de la Rochère, en colonne par escadrons ; ensuite le 9e cuirassiers avec le colonel Vaternaux, ayant trois escadrons dé-ployés et le quatrième en colonne, et derrière eux le 6e lanciers, de la brigade Nansouty, commandé par le colonel Poissonniers.

Telle est la composition de cette admirable troupe qui, sans hésiter, pousse droit sur Morsbronn, sous la fusillade dirigée contre sa gauche par les Allemands occupant l'Albrechtshaüserhof.

Ces héros sont accueillis par une fusillade meurtrière qui les dé-cime en un instant et leurs débris vont encore se faire massacrer dans les rues du village ; le 8e et le 9e subissent le même sort, foudroyés à bout portant de toutes les fenêtres, par le 80e régiment allemand.

Il en est de même pour le 6e lanciers. Bien peu de ces valeureux soldats échappent à cette boucherie, car dans leur retraite même, exté-nués, ils sont assaillis par les hussards prussiens et achevés.

Cette charge, néanmoins, sauva la droite de l'armée française et permit au généraux de Lartigue et Conseil-Dumesnil de retirer leur infanterie sur Eberbach et le Niederwald. Le général de brigade Maire (7e corps) et le colonel Poissonnier du 6e lanciers y avaient trouvé une mort glorieuse.

A sept heures et demie les Français font un retour offensif et reprennent l'Albrechtshaüserhof ; malheureusement, l'artillerie allemande postée à Gunstett les écrase de nouveau, et ils sont rejetés dans le Niederwald, où les Prussiens s'engagent vers deux heures et demie.

Le colonel du 88e régiment prussien, Kohn de Jaski, est tué par un obus durant la lutte corps à corps qui a lieu dans ces bois.

VII

Les divisions Conseil-Dumesnil, de Lartigue et Pellé, harassées de fatigue par cette lutte sans repos depuis le matin, défendent Elsasshausen contre l'attaque allemande. Huit batteries prussiennes, dirigées par le colonel de Bronikowski et le général Hausmann prennent position en arrière d'une allée de cerisiers, à l'est d'Elsassausen et bombardent le village.

Elsasshausen en feu n'est plus tenable ; c'est le moment où le général de Bose, aidé d'une partie du Ve corps, lance toutes ses troupes en avant, et malgré une résistance désespérée, le village est pris par les XIe et Ve corps complètement mêlés.

A gauche, à l'ouest d'Eberbach, le 32e régiment du XIe corps marchait vers Reichshoffen, tandis que les batteries se portaient en avant et autour d'Elsasshausen, à 2,000 mètres de Frœschviller, écrasant de projectiles l'armée française et sa dernière position forte.

VIII

Elsasshaussen aux mains de l'ennemi, la situation devenait terrible, la retraite était compromise, l'armée était perdue.

L'infanterie française tente un suprême effort pour reprendre la position qu'elle vient de perdre, mais ses efforts héroïques sont vains. elle est dispersée et écrasée par les nombreuses batteries établies par les Allemands sur toutes les hauteurs.

Alors le maréchal de Mac-Mahon songe à faire une suprême tentative pour entraver le mouvement des Ve et XIe corps sur Fræschviller, et il donne à la division de cavalerie Bonnemains, l'ordre de charger.

Comme leurs camarades du 8e et du 9e, à Morsbronn, les héros du 1er, 2e, 3e et 4e cuirassiers vont à la mort.

Les troupes prussiennes qui étaient en face d'eux étaient :

Les 1er bataillon du 94e ; — bataillon de fusiliers du 88e ; — 1er bataillon du 83e ; — bataillon de fusiliers du 82e, avec divers ; — 3 pièces de la 5e batterie lourde ; — 1re batterie à cheval ; — 6e et 2e batteries légères ; 1e et 2e batteaies lourdes (à l'est d'Elsasshausen) ; 3e batterie à cheval ; — 5e batterie légère (à l'ouest d'Elsasshausen) ; pour le XIe corps ; — les 5e et 6e compagnies du 59e avec parties de diverses compagnies des 6e, 46e, 57e pour le Ve corps.

La division Bonnemains était en réserve dans un pli de terrain ; l'espace qu'elle avait à parcourir pour aborder l'ennemi se trouvait malheureusement défavorable, coupé de fossés et semé d'arbres à hauteur d'homme.

C'est alors que commence la grande épopée qui fera l'éternelle gloire de cette désastreuse journée.

Le 1er cuirassiers, commandé par le colonel Vandeuvre, s'élance et charge par escadrons : dès le commencement un fossé arrête les cavaliers et rompt leurs rangs. Ils sont forcés de faire demi-tour sous un feu infernal vomi du milieu des vignes et des houblonnières où se cache l'ennemi, tandis que les batteries tirent sur eux à obus et à mitraille.

Les pertes sont effroyables.

A gauche, le 4e cuirassiers, entraîné par le colonel Billet, galope sur un espace de plus de 1,000 pas pour trouver un terrain favorable, tandis que la trombe de fer et de feu ne cesse pas ; il est dispersé par ses invisibles ennemis. Le colonel, blessé, est fait prisonnier par le 2e bataillon du 58e (V^e corps).

Le 2e cuirassiers charge, à son tour, par demi-régiment, et perd en officiers 5 tués, de nombreux blessés, plus 129 hommes et 250 chevaux. C'est une véritable boucherie.

Le 3e cuirassiers subit un sort aussi épouvantable, bien que la moitié seulement du régiment ait chargé. Son colonel, M. Lafutsun de Lacarre est littéralement décapité par un obus ; 6 officiers sont tués, ainsi que 70 hommes et 70 chevaux.

Ce grand dévouement ne peut malheureseument plus sauver l'armée française.

Le dernier effort contre Elsasshausen est terminé, et des deux côtés du village débouchent les têtes de colonne de la 2e brigade wurtembergeoise (général-major de Starkloff).

Il était un peu plus de 3 heures, et le chef d'état-major du maréchal de Mac-Mahon, le général Colson, venait d'être tué près de lui d'une balle au front.

IX

Il ne s'agissait donc plus que de disputer pied à pied le terrain, de le faire payer le plus cher possible à l'ennemi, à ces masses énormes et successives, à ces colonnes profondes auxquelles, de son poste d'observation sur la colline entre Wœrth et Dieffenbach, le Prince Royal envoie constamment l'ordre de se porter en avant.

C'est la lutte héroïque et désespérée du petit nombre contre la foule.

Sans cesse et sans relâche arrivaient de nouvelles troupes fraîches pour écraser cette poignée de héros qui se bat sans merci et sans renfort contre un ennemi toujours de plus en plus nombreux.

A quatre heures enfin, toute l'armée allemande, en masses compactes et profondes, avec ses cinq corps d'armée parfaitement reliés entre eux, s'avance pour enlever Frœchwiller.

De tous les points de l'horizon les obus et les balles pleuvent sur le village en feu.

Mais la résistance est énergique.

Le général de Bose est grièvement blessé pour la seconde fois ; deux officiers d'ordonnance tombent morts, ainsi que le lieutenant d'état-major de Heineccius ; le chef d'état-major, général de Stein, a son cheval tué sous lui, et le major Kasch du 87e est tué.

Le dénouement approche.

Un bataillon de wurtembergeois tourne la position par la droite, du côté de Reichshoffen. Au Sud, le XIe corps avance toujours. Par l'Est et par le Nord accourent le Ve corps et les Bavarois.

Frœschwiller flambe ; les Français se battent rue par rue, maison par maison, follement. Le colonel Suzzoni, du 2e régimant de tirailleurs algériens (brigade Lefebvre, division Raoult), avait été tué en avant du village ; puis le colonel Franchessin du 96e de ligne (brigade Wolff, division Ducrot). Là tombe, mortellement blessé, le général de division Raoult.

L'heure suprême a sonné : Frœschwiller, un amas de décombres, est pris. L'armée française, poursuivie par un implacable ennemi, bat en retraite sur Reischshoffen, rendant coup pour coup et se fusillant avec lui dans le Grosserwald.

Cette bataille perdue, c'était l'Invasion, la France mortellement blessée.

X

VOICI LES PERTES DES DEUX ARMÉES

La bataille de Frœschwiller avait été beaucoup plus meurtrière pour les vainqueurs que pour les vaincus, l'armée française n'ayant pu être battue que par le nombre.

ARMÉE FRANÇAISE : 4.000 hommes tués ou blessés.
200 officiers et 9,000 hommes faits prisonniers.

ARMÉE ALLEMANDE : 10,153 hommes mis hors de combat :
489 officiers

Description du Panorama

La charge des cuirassiers vient d'avoir lieu, épouvantable, meurtrière, le terrain qu'ils ont parcouru est jonché de cadavres et de blessés. Les masses ennemies s'avancent de toutes parts couvrant les collines
jusqu'à l'horizon ; sous les ordres du colonel Suzzoni et du commandant
du Housset, une dernière poignée de Français, des héros de toutes ar-
mes, se font tuer en disputant le sol pied à pied contre des milliers
d'Allemands : il est quatre heures. C'est le moment terrible choisi par
les peintres, comme une note sombre destinée à perpétuer dans les cœurs
Français le souvenir et l'exemple d'un inoubliable héroïsme.

Pour bien étudier l'action, le spectateur devra, sur la plateforme,
se placer d'abord face au couchant, où, sur le fond bleu des Vosges,
dans un creux en arrière des derniers arbres du Grosserwald, se détache
le clocher lointain de Reichshoffen.

Derrière la hauteur couronnée d'arbres se tenait la division du
général Bonnemains (1er, 2e , 3e et 4e régiments de cuirassiers) avant
de recevoir l'ordre de charger.

Gravissant la colline, les cuirassiers ont chargé dans la direction
d'Elsasshausen, à travers les prairies, les terres labourées et le chemin
creux, essayant de remonter jusqu'au plateau, d'où les foudroyaient
huit batteries prussiennes. Tout le parcours est semé de cadavres, de
blessés, de caissons, de chevaux. Là fut blessé et pris le colonel Billet
du 4e ; là fut tué le colonel Lafutsun de Lacarre du 3e , qui eut la tête
emportée par un obus.

L'officier blessé, soutenu par un cuirassier, est le commandant
Broutta, dont le bras gauche fut coupé net.

Puis, la ligne montagneuse s'abaissant, on aperçoit, à l'extrême
horizon, la masse grisâtre de la Forêt-Noire, la direction de Stras-
bourg, et derrière les sommets d'où descendent les batteries ennemies,
le Niederwald et Morsbronn, tombeaux des 8e et 9e cuirassiers (brigade
Michel) et du 6 lanciers de la brigade Nansouty.

De chaque côté d'Elsasshausen, en flammes, descendent des troupes
prussiennes appartenant aux XIe et Ve corps et des Wurtembergeois,
jusqu'au cuirassier brûlant la cervelle à un officier prussien à cheval.

Maintenant le spectateur remarquera les collines jaunes du fond,
les hauteurs de Gunstett, avec le peuplier au pied duquel se tenait le

commandant en chef de la IIIe armée, le Prince Royal de Prusse. Dans le creux on distingue Wœrth. Au premier plan arrivent, drapeau déployé, les troupes prussiennes appartenant aux Ve et XIe corps (généraux de Kirchbach et de Bose).

Ce qui domine ensuite à l'horizon, c'est la masse verdoyante du Hochwald, devant lequel se trouve le village de Gœrsdorf. Les masses allemandes se lancent dans la direction de Frœschwiller ; engagements corps à corps dans la fumée.

Plus on se rapproche du dernier village occupé par la division française du général Ducrot (1re du 1er corps), plus la lutte est acharnée. Depuis la ligne d'horizon, les batteries et les tirailleurs prussiens écrasent la position de leurs feux. Dans les houblonnières, on se bat à bout portant. L'officier en bleu, les bras croisés, est le colonel Suzzoni, du 2e tirailleurs algériens, qui fut tué à cette place. Plus bas, celui qui tient son sabre à deux mains, est le commandant du Housset, qui, échappé au massacre, a été plus tard, dans Frœschwiller, mis en liberté par ordre du Prince Royal, auquel le général Raoult, blessé à mort, le présentait.

Derrière Frœschwiller en feu, s'étendent la foret de Sulzbach et Langen-Sulzbach, puis les dernières lignes avec artillerie.

Enfin, en revenant vers Reichshoffen, les masses sombres du Grosswald et la forêt de Niederbronn. Dans la plaine, le point de ralliement des cuirassiers survivants de la division Bonnemains,

Il est quatre heures, et, depuis Elberbach jusqu'à la hauteur placée au Sud-Est de Neehwiller, toute la ligne allemande s'avance concentriquement sur Frœschwiller, menaçant déjà la retraite de Reichshoffen.

Imprimerie typ. de M. Décembre, 326, rue de Vaugirard. — PARIS.

9 782013 501408